Impressum
Verlag: BABADADA GmbH, Nedderfeld 112 , 22529 Hamburg
Geschäftsführer / Verlagsleitung: Harald Hof
Druck: Books on Demand GmbH, In de Tarpen 42, 22848 Norderstedt

Imprint
Publisher: BABADADA GmbH, Nedderfeld 112 , 22529 Hamburg, Germany
Managing Director / Publishing direction: Harald Hof
Print: Books on Demand GmbH, In de Tarpen 42, 22848 Norderstedt, Germany

shkolla
skola

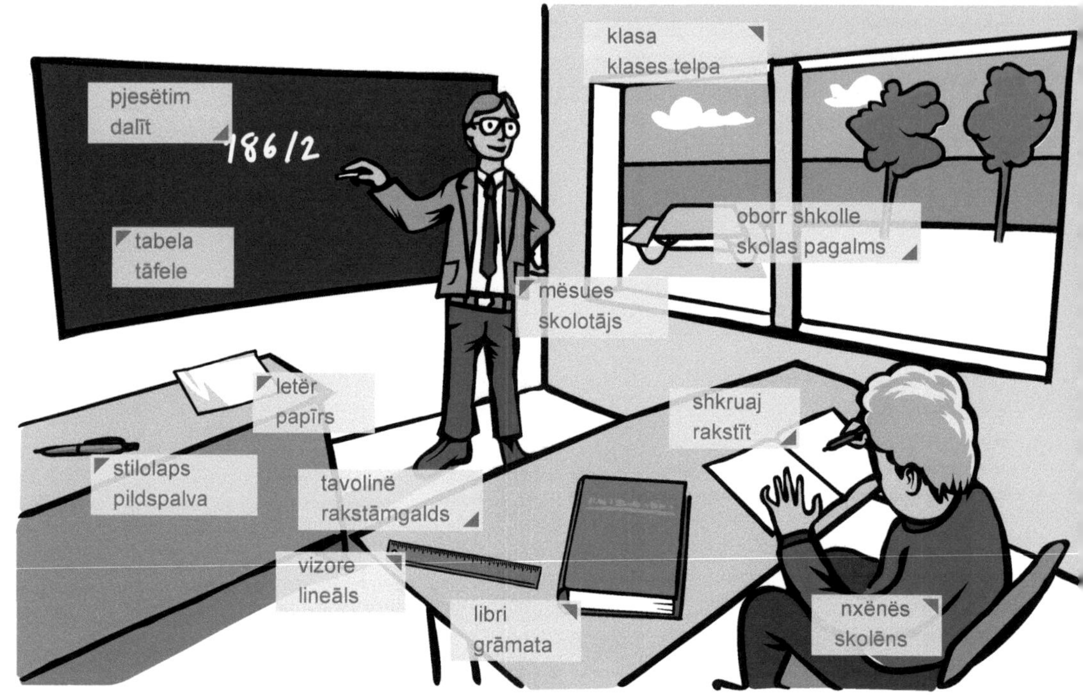
klasa
klases telpa
pjesëtim
dalīt
186/2
tabela
tāfele
oborr shkolle
skolas pagalms
mësues
skolotājs
letër
papīrs
shkruaj
rakstīt
stilolaps
pildspalva
tavolinë
rakstāmgalds
vizore
lineāls
libri
grāmata
nxënës
skolēns

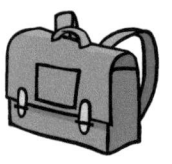

çantë
skolas soma

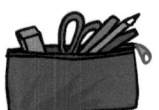

mbajtëse lapsash
penālis

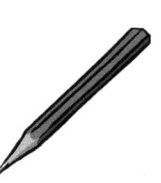

laps
zīmulis

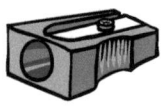

mprehës lapsash
zīmuļu asināmais

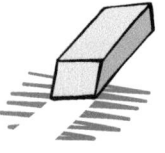

gomë
dzēšgumija

fletore vizatimi
zīmēšanas bloks

vizatim

zīmējums

penel

ota

kuti bojërash

krāsas

gёrshёrё

šķēres

ngjitёs

līme

fletore detyrash

darba burtnīca

detyrё shtёpie

mājas darbs

12

numёr

skaitlis

2+2

mbledh

saskaitīt

5-2

zbres

atņemt

2×2

shumёzoj

reizināt

llogaris

rēķināt

A

gёrmё

burts

ABCDEFG
HIJKLMN
OPQRSTU
VWXYZ

alfabeti

alfabēts

hello

fjalё

vārds

tekst
teksts

lexoj
lasīt

shkumës
krīts

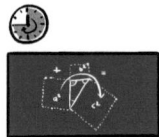

mësim
mācību stunda

regjistër
žurnāls

provim
eksāmens

çertifikatë
liecība

uniformë shkolle
skolas forma

arsimim
izglītība

enciklopedia
enciklopēdija

universitet
universitāte

mikroskop
mikroskops

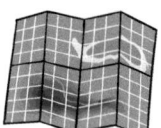

hartë
karte

kosh letrash
papīrgrozs

udhëtim
ceļojums

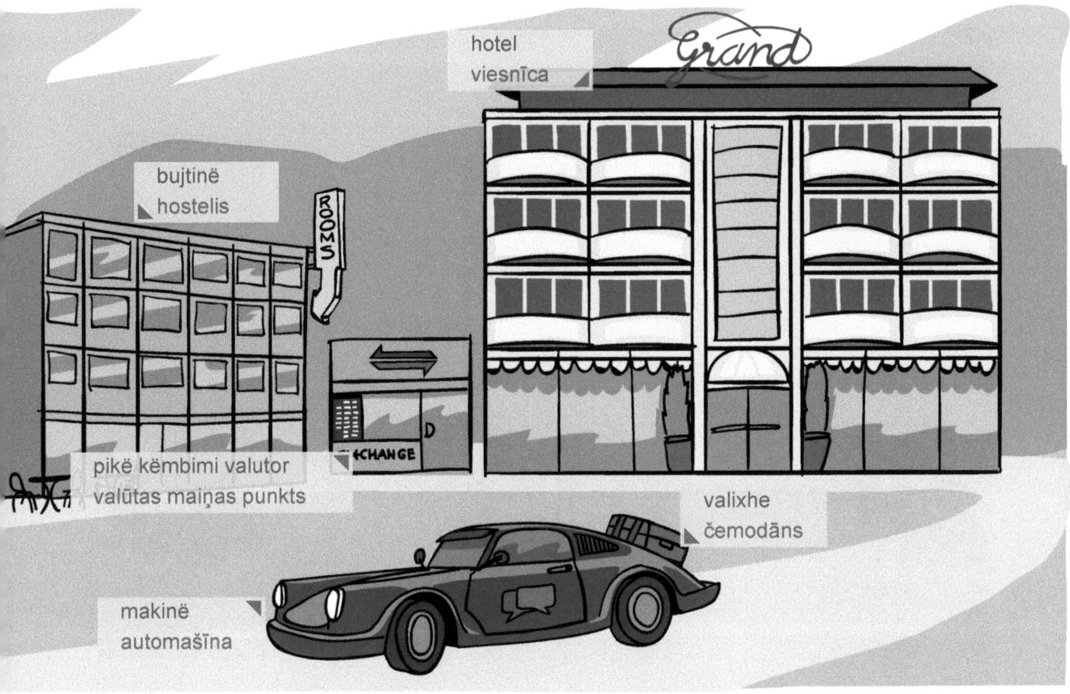
hotel
viesnīca
Grand
bujtinë
hostelis
ROOMS
pikë këmbimi valutor
valūtas maiņas punkts
EXCHANGE
valixhe
čemodāns
makinë
automašīna

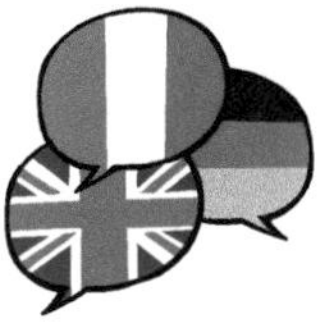

gjuhë
Valoda

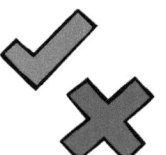

po / jo
jā / nē

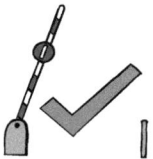

Në rregull
Okay

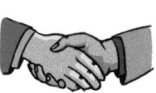

ç'kemi
Sveiki!

përkthyes
tulks

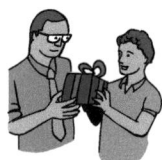

Faleminderit
paldies

sa kushton...?

Cik maksā...?

nuk e kuptoj

Es nesaprotu

problem

problēma

Mirëmbrëma!

Labvakar!

Mirëmëngjes!

Labrīt!

Natën e mirë!

Ar labu nakti!

mirupafshim

Uz redzēšanos

drejtim

virziens

bagazhet

bagāža

çantë

soma

çantë shpine

mugursoma

mysafir

viesis

dhomë

istaba

thes gjumi

guļammaiss

tendë

telts

informacion për turistët

tūrisma informācija

plazh

pludmale

kartë krediti

kredītkarte

mëngjes

brokastis

drekë

pusdienas

darkë

vakariņas

Biletë

biļete

ashensor

lifts

pulla

pastmarka

kufi

robeža

doganë

muita

ambasadë

vēstniecība

vizë

vīza

pasaportë

pase

udhëtim - ceļojums

transport
transports

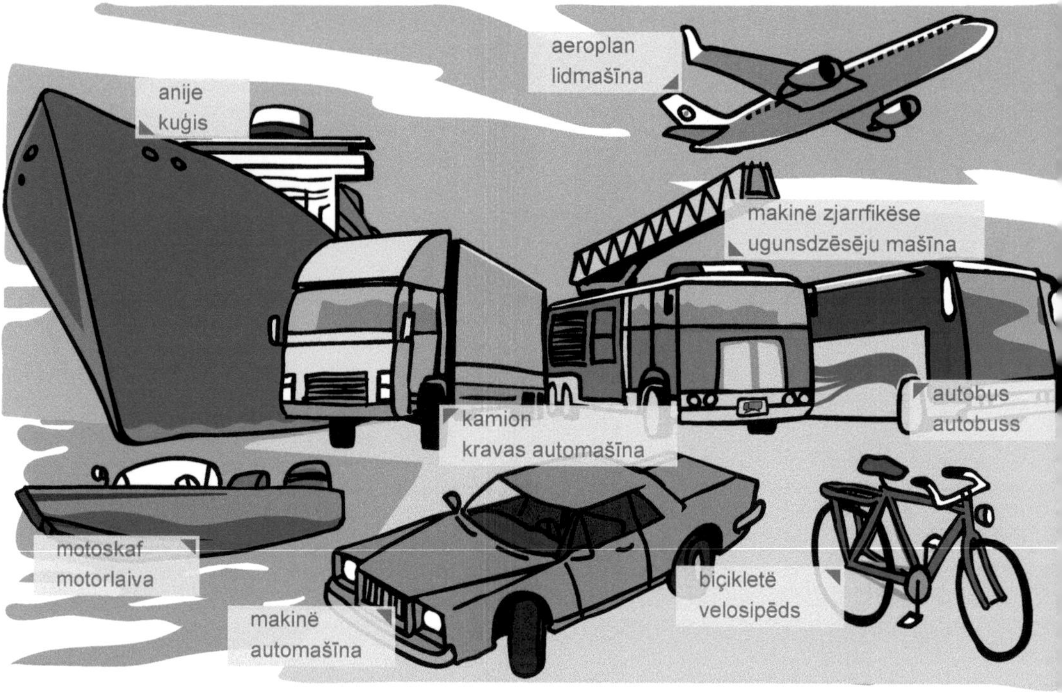

aeroplan
lidmašīna
anije
kuģis
makinë zjarrfikëse
ugunsdzēsēju mašīna
autobus
autobuss
kamion
kravas automašīna
motoskaf
motorlaiva
biçikletë
velosipēds
makinë
automašīna

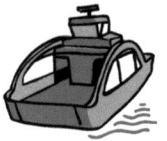

traget

prāmis

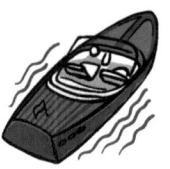

varkë

laiva

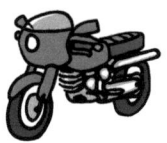

motoçikletë

motocikls

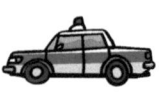

makinë policie

policijas automašīna

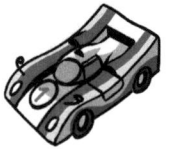

makinë garash

sacīkšu automobilis

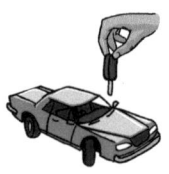

makinë me qira

nomas auto

ndarje e qirasë së makinës

auto koplietošana

karroatrec

evakuators

makinë plehrash

atkritumu mašīna

motor

dzinējs

benzinë

benzīns

pikë karburanti

degvielas uzpildes stacija

sinjalistikë trafiku

ceļa zīme

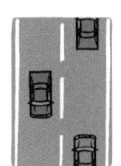

trafik

satiksme

bllokim trafiku

sastrēgums

parkim makinash

stāvvieta

stacion treni

dzelzceļa stacija

trase

sliedes

tren

vilciens

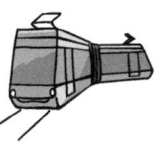

tramvaj

tramvajs

karro

vagons

helikopter

helikopters

aeroport

lidosta

kullë

tornis

pasagjer

pasažieris

kontenier

konteiners

kuti kartoni

kaste

qerre

ratiņi

shportë

grozs

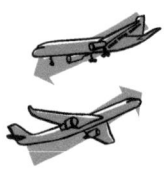

ngrihem / ulem

pacelties / nosēsties

qytet

pilsēta

fshat

ciems

qendra e qytetit

pilsētas centrs

shtëpi

māja

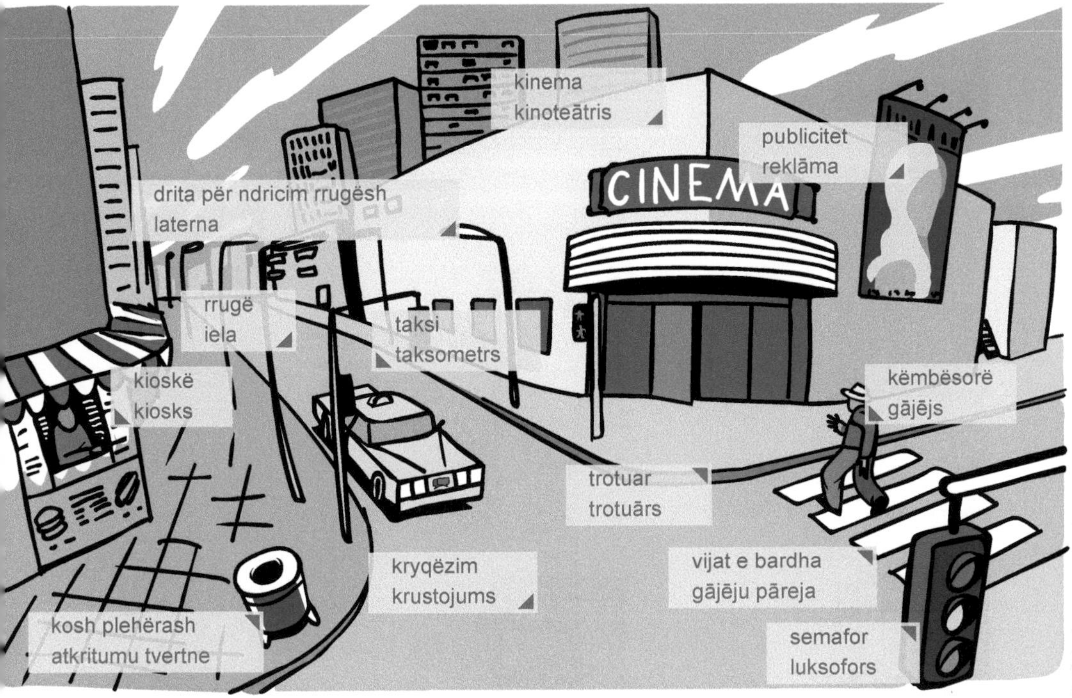

kinema
kinoteātris

publicitet
reklāma

drita për ndricim rrugësh
laterna

rrugë
iela

taksi
taksometrs

kioskë
kiosks

këmbësorë
gājējs

trotuar
trotuārs

kryqëzim
krustojums

vijat e bardha
gājēju pāreja

semafor
luksofors

kosh plehërash
atkritumu tvertne

kasolle
būda

apartament
dzīvoklis

stacion treni
dzelzceļa stacija

bashki
rātsnams

muze
muzejs

shkolla
skola

universitet

universitāte

bankë

banka

spital

slimnīca

hotel

viesnīca

farmaci

aptieka

zyrë

birojs

librari

grāmatnīca

dyqan

veikals

dyqan lulesh

ziedu veikals

supermarket

lielveikals

market

tirgus

mapo

tirdzniecības centrs

dyqan peshku

zivju tirgotājs

qëndër tregtare

tirdzniecības centrs

port

osta

park
parks

stol
sols

urë
tilts

shkallë
kāpnes

metro
metro

tunel
tunelis

stacion autobuzi
autobusa pieturvieta

bar
bārs

restorant
restorāns

kuti postare
pastkastīte

sinjalistikë rrugore
ielas nosaukuma plāksne

kohëmatës parkimi
stāvlaika skaitītājs

kopsht zoologjik
zooloģiskais dārzs

pishinë
peldbaseins

xhami
mošeja

fermë

zemnieku saimniecība

ndotje

vides piesārņojums

varrezë

kapsēta

kishë

baznīca

shesh lojërash

spēļu laukums

tempull

templis

peisazh
ainava

gjethe
lapa

tabela orientuese
ceļrādis

rrugë
ceļš

livadh
pļava

gurë
akmens

ekskursionist
ceļotājs

pemë
koks

lumë
upe

bar
zāle

lule
puķe

luginë
ieleja

kodër
kalns

liqen
ezers

pyll
mežs

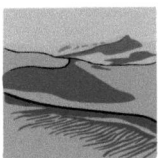

shkretëtirë
tuksnesis

vullkan
vulkāns

kështjellë
pils

ylber
varavīksne

kepudhë
sēne

palmë
palma

mushkonjë
moskīts

mizë
muša

milingonë
skudra

bletë
bite

merimangë
zirneklis

brumbull

vabole

bretkosë

varde

ketër

vāvere

iriq

ezis

lepur

zaķis

buf

pūce

zog

putns

mjellmë

gulbis

derr i egër

meža cūka

dre

briedis

dre brilopatë

alnis

digë

aizsprosts

turbinë ere

vēja ģenerators

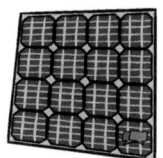

panel diellor

saules baterija

klimë

klimats

restorant
restorāns

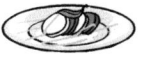

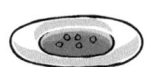

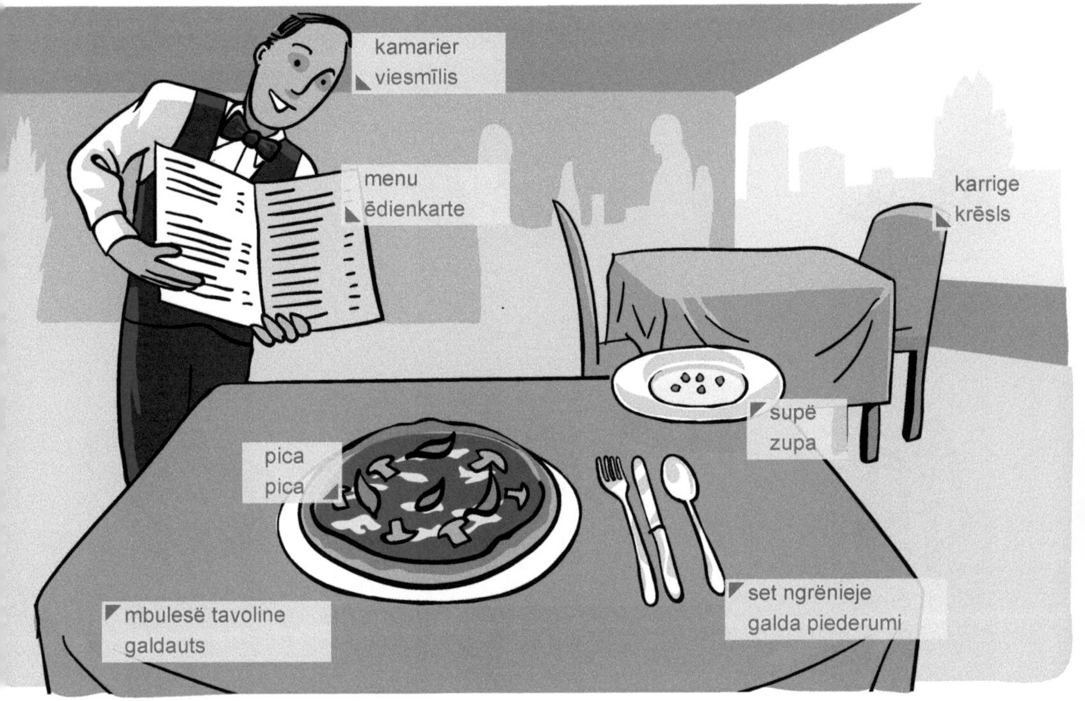
kamarier
viesmīlis
menu
ēdienkarte
karrige
krēsls
supë
zupa
pica
pica
mbulesë tavoline
galdauts
set ngrënieje
galda piederumi

pjatë e parë

uzkoda

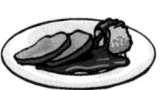

pjatë kryesore

pamatēdiens

ëmbëlsirë

deserts

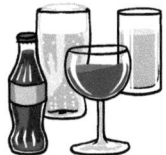

pije

dzērieni

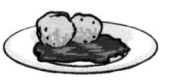

ushqim

ēdiens

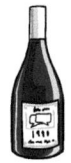

shishe

pudele

ushqim i shpejtë

ātrās uzkodas

ushqim i shërbyer në rrugë

ielu uzkodas

ibrik çaji

tējkanna

kuti sheqeri

cukurtrauks

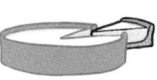

racion

porcija

makinë kafeje ekspres

espresso kafijas automāts

karrige e lartë

bāra krēsls

faturë

rēķins

tabaka

paplāte

thika

nazis

pirun

dakša

lugë

karote

lugë çaji

tējkarote

pecetë

salvete

gotë

glāze

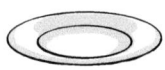

pjatë

šķīvis

pjatë supe

zupas šķīvis

pjatë filxhani

apakštase

salcë

mērce

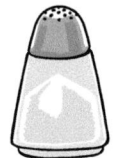

mbajtëse kripe

sāls trauciņš

mulli piperi

piparu dzirnaviņas

uthull

etiķis

vaj

eļļa

erëza

garšvielas

keçap

kečups

mustardë

sinepes

majonezë

majonēze

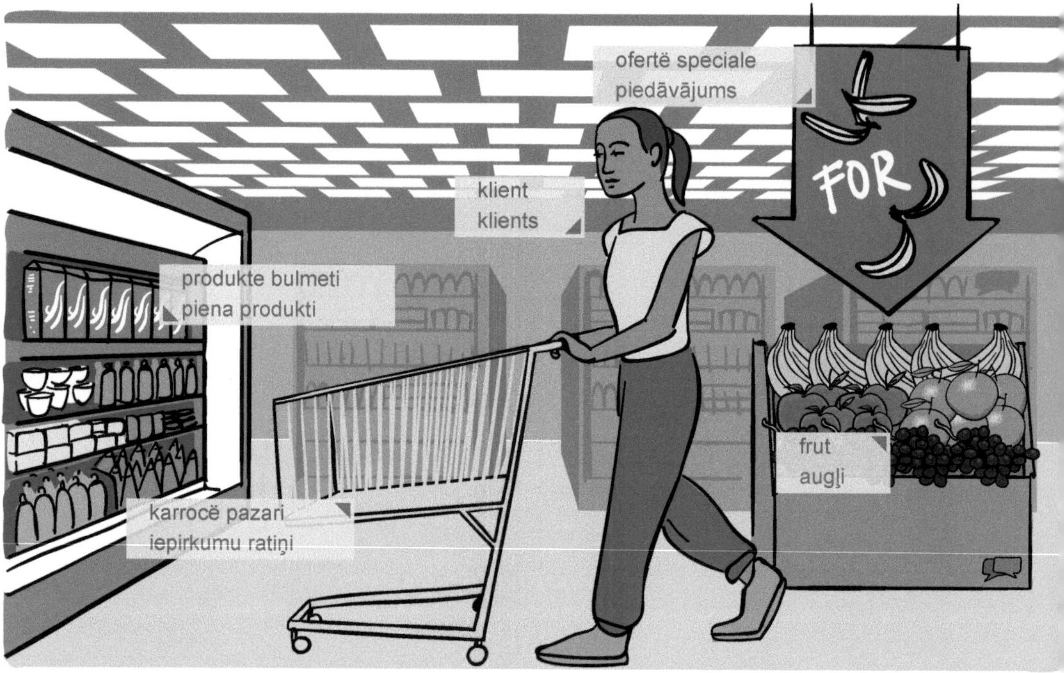

ofertë speciale
piedāvājums

klient
klients

produkte bulmeti
piena produkti

FOR

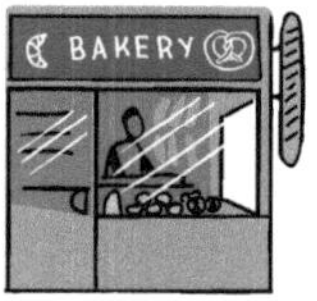

frut
augļi

karrocë pazari
iepirkumu ratiņi

dyqan mishi	furrë buke	peshoj
kautuve	maizes veikals	svērt
	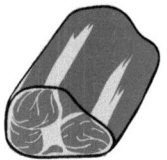	
perime	mish	ushqim i ngrirë
dārzeņi	gaļa	saldēti produkti

copë
....
aukstās gaļas uzkodas

ushqim i konservuar
....
konservi

pluhur larës
....
pulveris

ëmbëlsirat
....
saldumi

prodhime shtëpie
....
mājsaimniecības preces

produkte pastrimi
....
tīrīšanas līdzeklis

shitëse
....
pārdevēja

kasë fiskale
....
kase

arkëtar
....
kasieris

listë blerjeje
....
iepirkumu saraksts

oraret e punës
....
darba laiks

portofol
....
maks

kartë krediti
....
kredītkarte

çantë
....
soma

qese plastike
....
maisiņš

ujë

ūdens

lëng frutash

sula

qumësht

piens

koka-kola

kola

verë

vīns

birrë

alus

alkool

alkohols

kakao

kakao

çaj

tēja

kafe

kafija

kafe ekspres

espresso

kapuçino

kapučīno

banane

banāns

mollë

ābols

portokalle

apelsīns

pjepër

melone

limon

citrons

karrotë

burkāns

hudhër

ķiploks

bambu

bambuss

qepë

sīpols

kërpudha

sēne

arra

rieksti

makarona

makaroni

spageti

spageti

oriz

rīsi

sallatë

salāti

patate të skuqura

frī kartupeļi

patate të skuqura

cepti kartupeļi

pica

pica

hamburger

hamburgers

sanduiç

sviestmaize

shnicel

šnicele

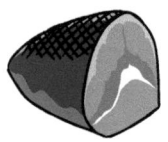

proshutë

šķiņķis

sallam

salami

salçiçe

desa

pulë

vista

skuq

cepetis

peshk

zivs

tërshërë

auzu pārslas

drithëra

muslis

kornfleiks

brokastu pārslas

miell

milti

kruasant

radziņš

panine

brokastu maizītes

bukë

maize

tost

tostermaize

biskotë

cepumi

gjalp

sviests

gjizë

biezpiens

tortë

kūka

vezë

ola

vezë sy

cepta ola

djathë

siers

akullore
saldējums

sheqer
cukurs

mjaltë
medus

marmaladë
marmelāde

çokokrem
riekstu krēms

këri
karijs

fermë
zemnieku saimniecība

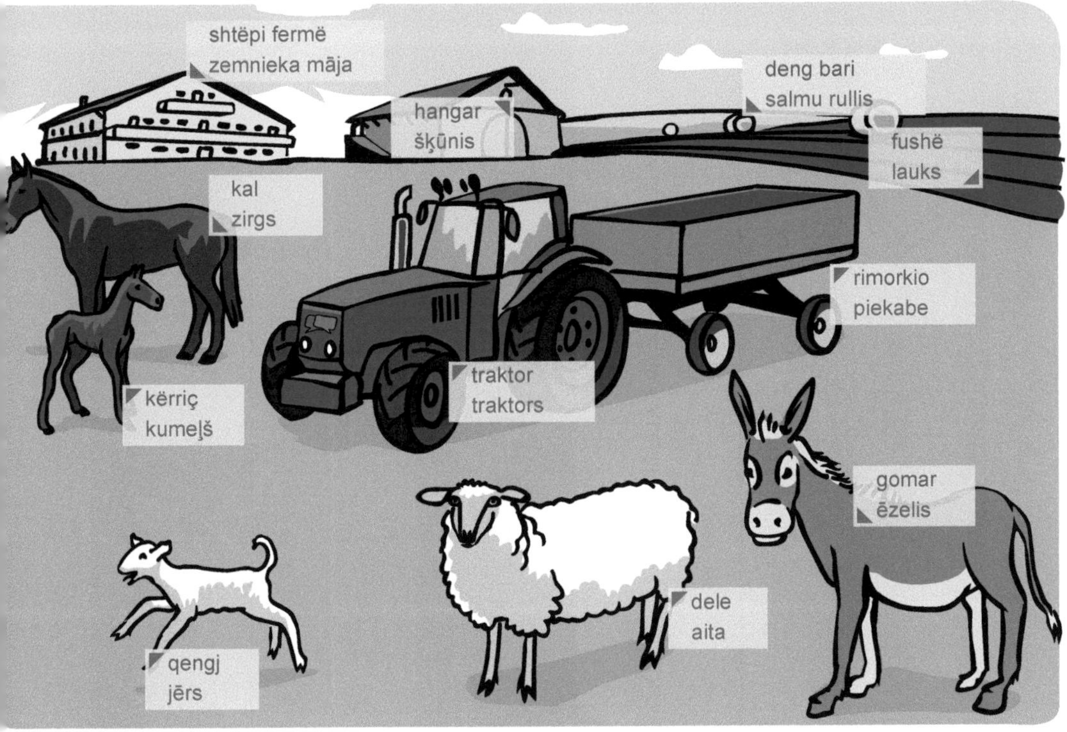
shtëpi fermë
zemnieka māja
hangar
šķūnis
deng bari
salmu rullis
fushë
lauks
kal
zirgs
rimorkio
piekabe
traktor
traktors
kërriç
kumeļš
gomar
ēzelis
dele
aita
qengj
jērs

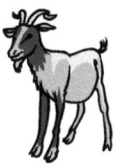

dhi
kaza

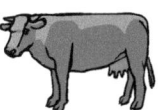

lopë
govs

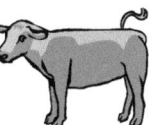

viç
teļš

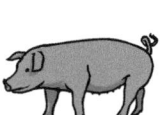

derr
cūka

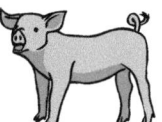

derrkuc
sivēns

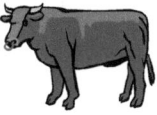

dem
bullis

patë
zoss

rosë
pīle

zog pule
cālis

pulë
vista

gjel
gailis

mi
žurka

mace
kaķis

mi
pele

buall
vērsis

qen
suns

kolibe qeni
suņa būda

zorrë vaditëse
dārza šļūtene

vaditëse
lejkanna

kosë
izkapts

plug
arkls

drapër

sirpis

shat

kaplis

kosa

mëslu dakša

sëpatë

cirvis

karrocë

ķerra

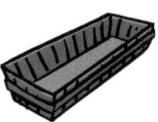

govatë

sile

bidon qumështi

piena kanna

thes

maiss

gardh

žogs

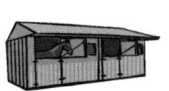

ahur

kūts

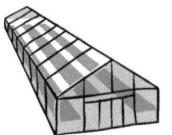

serë

siltumnīca

dhe

augsne

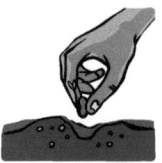

farë

sēklas

pleh

mēslojums

autokombanjë

kombains

korr

novākt ražu

te korrat

raža

patate e ëmbël "Yam"

jamss

grurë

kvieši

soja

soja

patate

kartupelis

misër

kukurūza

raps

rapsis

pemë frutore

augļu koks

zhardhok manioku

manioka

drithëra

labība

30   fermë - zemnieku saimniecība

shtëpi
māja

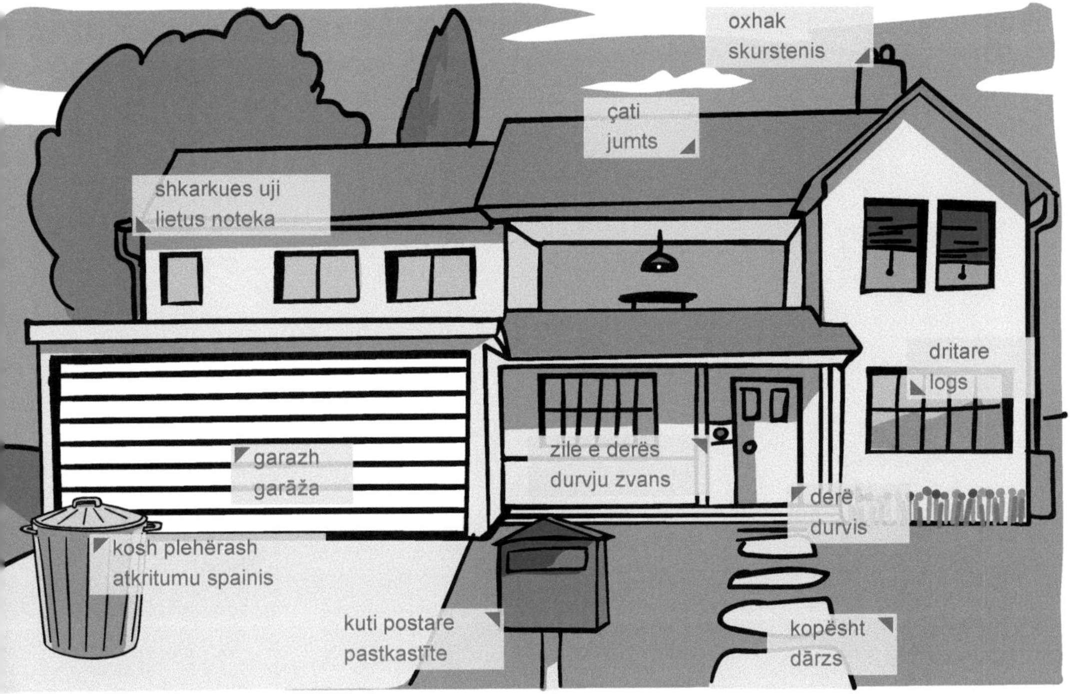
oxhak
skurstenis
çati
jumts
shkarkues uji
lietus noteka
dritare
logs
garazh
garāža
zile e derës
durvju zvans
derë
durvis
kosh plehërash
atkritumu spainis
kuti postare
pastkastīte
kopësht
dārzs

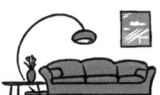

dhomë ndenjeje

viesistaba

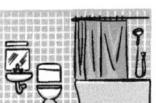

tualet

vannas istaba

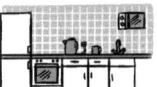

kuzhinë

virtuve

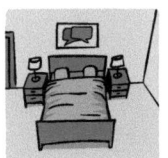

dhomë gjumi

guļamistaba

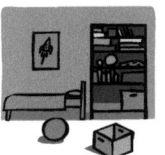

dhomë fëmijësh

bērnu istaba

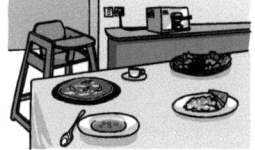

dhomë ngrënieje

ēdamistaba

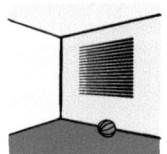

dysheme

grīda

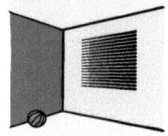

mur

siena

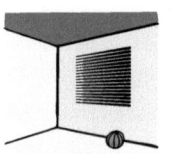

tavan

griesti

bodrum

pagrabs

sauna

sauna

ballkon

balkons

tarracë

terase

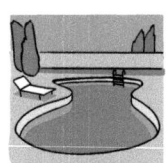

pishinë

baseins

kositëse bari

zāles pļāvējs

çarçaf

gultas veļa

kuvertë

sega

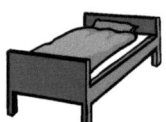

krevat

gulta

fshesë dore

slota

kovë

spainis

çelës

slēdzis

dhomë ndenjeje
viesistaba

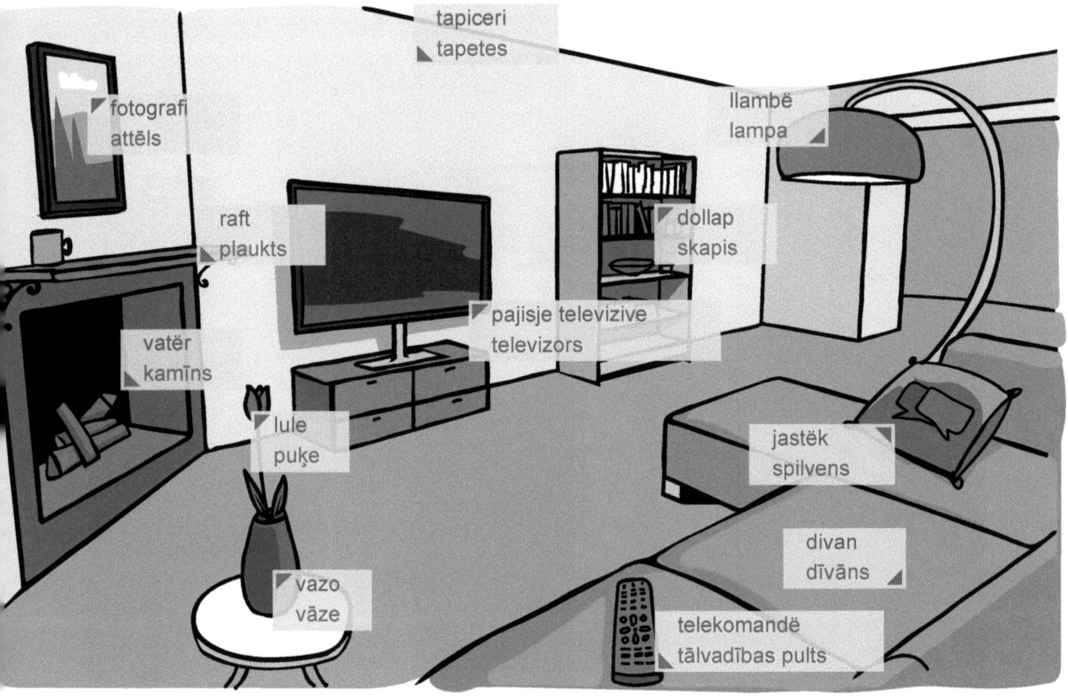
tapiceri
tapetes
fotografi
attēls
llambë
lampa
raft
plaukts
dollap
skapis
pajisje televizive
televizors
vatër
kamīns
lule
puķe
jastëk
spilvens
divan
dīvāns
vazo
vāze
telekomandë
tālvadības pults

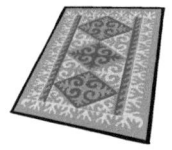

qilim
paklājs

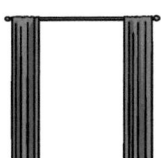

perde
aizkars

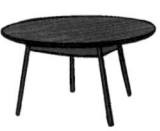

tavolinë
galds

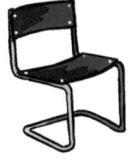

karrige
krēsls

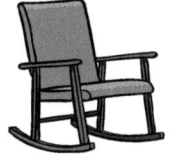

karrige lëkundëse
šūpuļkrēsls

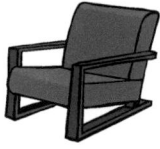

kolltuk
atpūtas krēsls

libri
grāmata

batanije
sega

zbukurime
dekorācija

dru zjarri
malka

film
filma

stereo
mūzikas centrs

çelës
atslēga

gazetë
avīze

pikturë
glezna

afishe
plakāts

radio
radio

bllok shënimesh
pierakstu blociņš

fshesë me korent
putekļu sūcējs

kaktus
kaktuss

qiri
svece

frigorifer
ledusskapis

mikrovalë
mikroviļņu krāsns

peshore kuzhine
virtuves svari

detergjent
tīrīšanas līdzekļi

toster
tosteris

furrë
cepeškrāsns

ngrirës
saldēšanas kamera

kosh plehërash
atkritumu spainis

lavastovilje
trauku mazgājamā mašīna

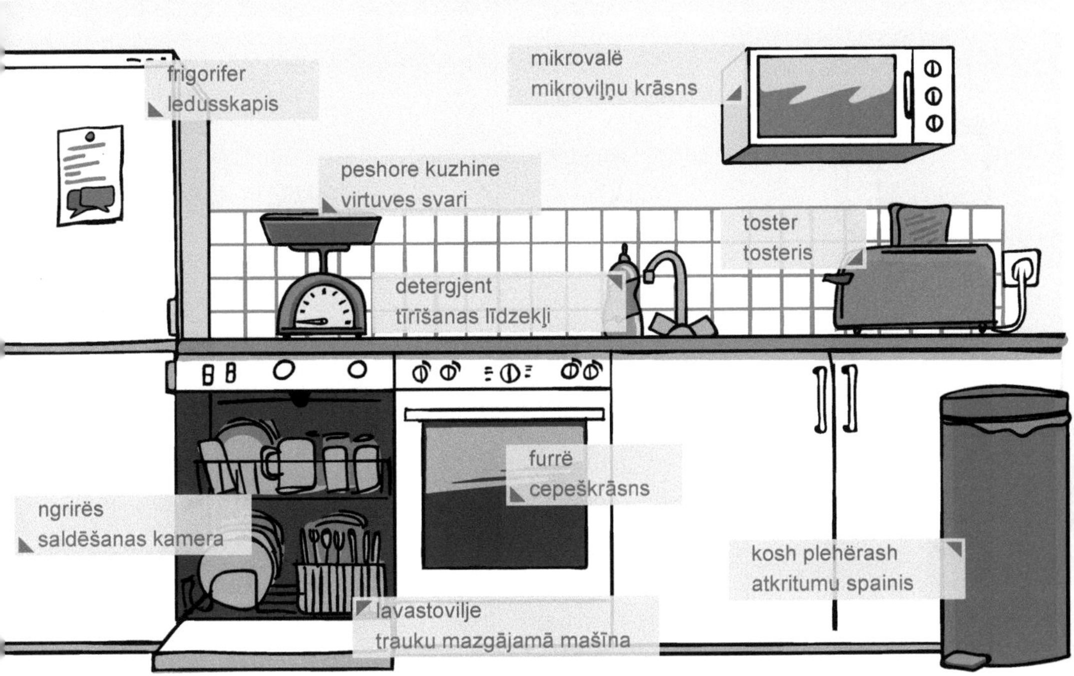

sobë
plīts

tenxhere
pods

tenxhere me kapak
katls

tigan special (Wok)
Wok panna

tigan
panna

çajnik
elektriskā tējkanna

kuzhinë - virtuve

tenxhere me avull

tvaika katls

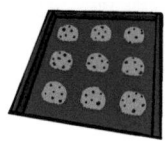

tavë pjekjeje

cepešpanna

enë

trauki

filxhan

krūze

tas

bļoda

shkopinj

irbulīši

garuzhde

kauss

spatul

lāpstiņa

tel kuzhine

putošanas slotiņa

kulluese

sietiņš

sitë

siets

rende

rīve

havan

piesta

skarë

grilēt

zjarr

atklāts pavards

kuzhinë - virtuve

dërrasë për prerje

dēlis

okllai

mīklas rullis

heqëse tapash

korķu viļķis

kanaçe

bundža

hapëse kanaçeje

konservu nazis

rrobë për të kapur tenxheren

virtuves cimdi

lavaman

izlietne

furçë

birste

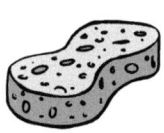

sfungjer

sūklis

përzjerës

mikseris

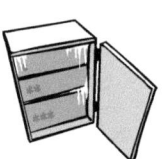

ngrirës

saldētava

biberon për lëngje

bērna pudelīte

rubinet

ūdenskrāns

tualet

vannas istaba

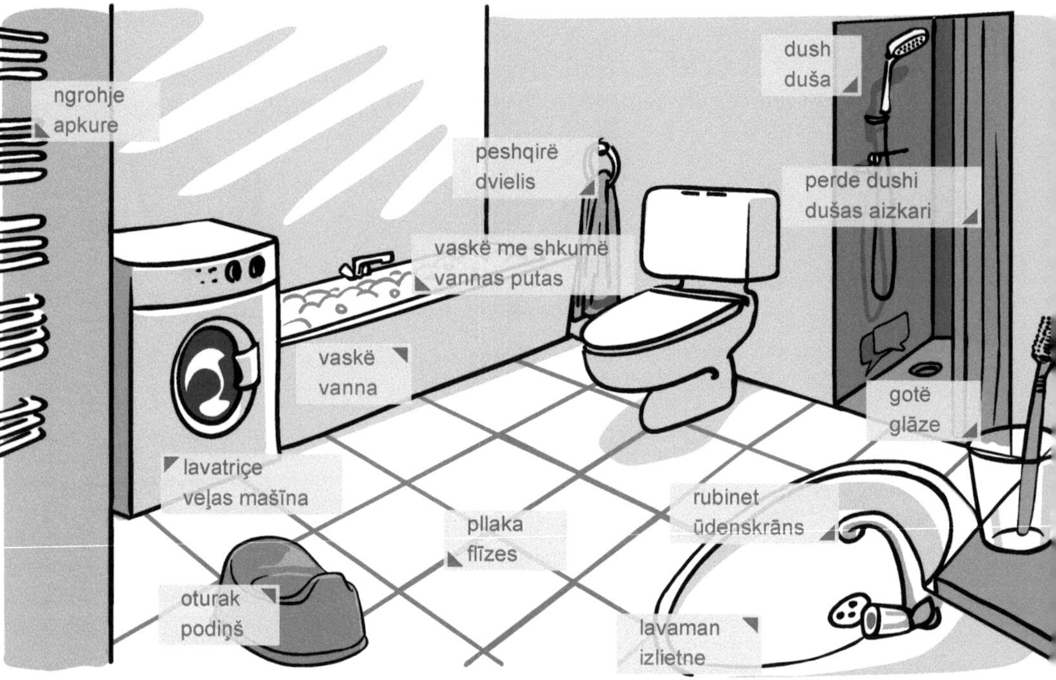
ngrohje
apkure
dush
duša
peshqirë
dvielis
perde dushi
dušas aizkari
vaskë me shkumë
vannas putas
vaskë
vanna
gotë
glāze
lavatriçe
veļas mašīna
rubinet
ūdenskrāns
pllaka
flīzes
oturak
podiņš
lavaman
izlietne

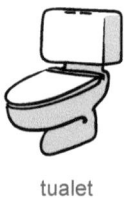

tualet

tualetes pods

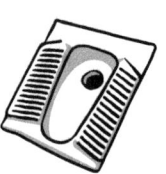

WC e sheshtë

Āzijas tipa tualete

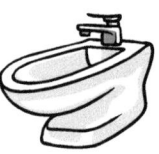

bide

bidē

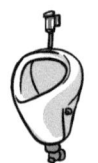

tualet publik

pisuārs

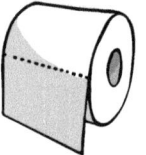

letër higjienike

tualetes papīs

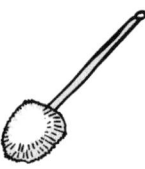

furçe për WC

tualetes birste

furçë dhëmbësh
zobu birste

pastë dhëmbësh
zobu pasta

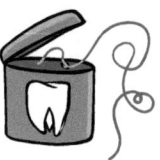

fije dentare
zobu diegs

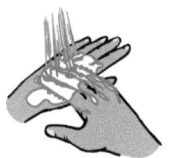

laj
mazgāt

dorezë dushi
rokas duša

larës për zonën intime
duša

legen
bļoda

furçë për masazh shpine
muguras mazgāšanas birste

sapun
ziepes

shampo trupi
dušas želeja

shampo
šampūns

leckë pastruese
mazgāšanas drāna

kullues
noteka

krem
krēms

antidjersë
dezodorants

pasqyrë
spogulis

pasqyrë dore
spogulītis

brisk rroje
skuveklis

shkumë rroje
skūšanās putas

locion pas rrojes
losjons pēc skūšanās

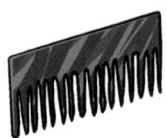

krehër
ķemme

furçë
matu suka

tharëse flokësh
matu fēns

llak për flokët
matu laka

grim
grima komplekts

buzëkuq
lūpu krāsa

manikyr
nagulaka

mbushje pambuku
vate

gërshërë për thonj
šķērītes

parfum
smaržas

40   tualet - vannas istaba

çantë për sendet personale

kosmëtikas maks

Stol

ķeblītis

peshore

svari

robëdëshambër

halāts

dorashka gome

tīrīšanas cimdi

tampon

tampons

peceta higjienike

pakete

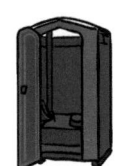

tualet I lëvizshëm

ķīmiskā tualete

dhomë fëmijësh
bērnu istaba

orë me zile
modinātājs
lodra me pellushë
mīkstā rotaļlieta
makinë lodër
spēļu automašīna
rraketake
grabulis
shtëpi kukullash
leļļu māja
dhuratë
dāvana

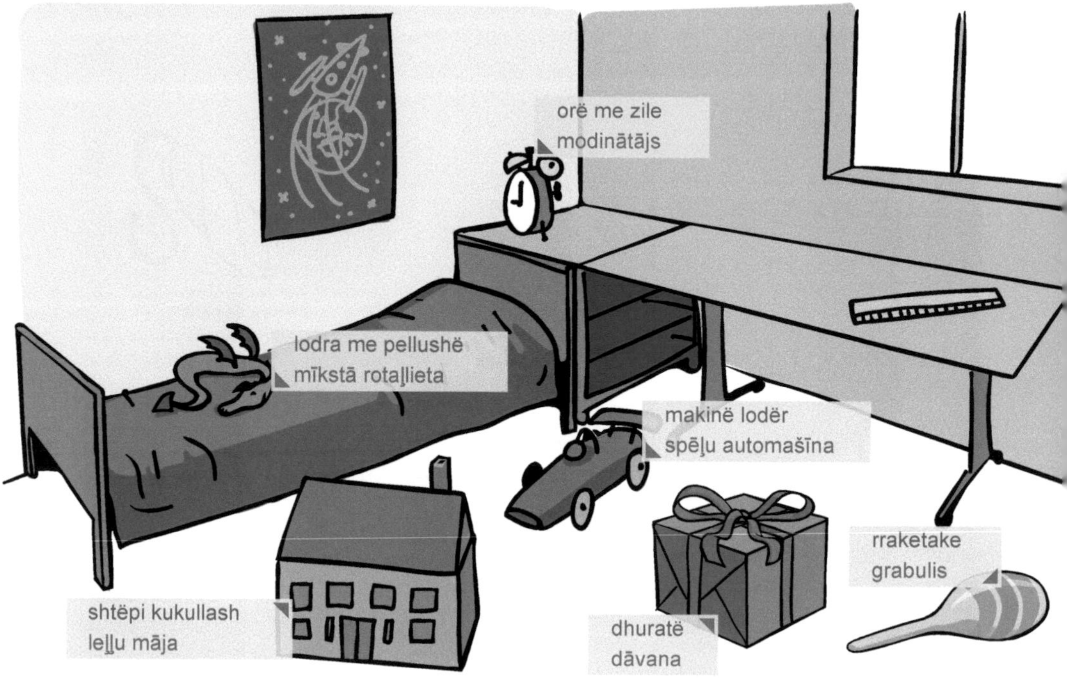

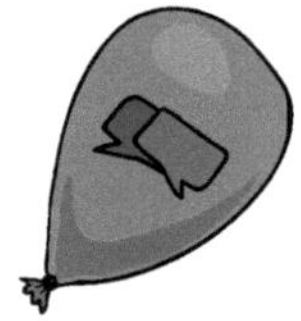

tollumbace

balons

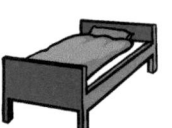

krevat

gulta

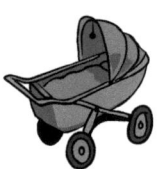

karrocë fëmijësh

bērnu ratiņi

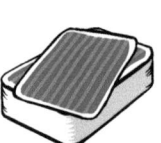

lojë me letra

kārtis

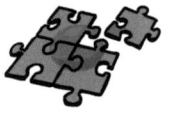

bashkim pjesësh me figura

puzle

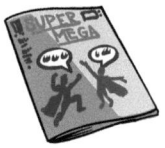

komik

komikss

formuese lodër

LEGO klucīši

kuba plastikë

klucīši

lodra

varoņu figūra

badi

rāpulītis

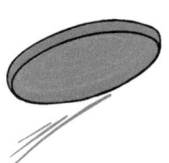

frizbi

lidojošais šķīvītis

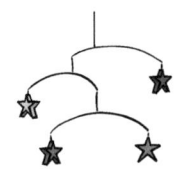

lodra të varura tek krevati i fëmijëve

muzikālais karuselis

tavolinë lojërash

galda spēle

zare

metamais kauliņš

model treni

rotaļu dzelzceļš

biberon

māneklis

festë

ballīte

libër me ilustrime

bilžu grāmata

top

bumba

kukull

lelle

luaj

spēlēt

grumbull rëre

smilšu kaste

kolovarëse

šūpoles

lodra

rotaļlietas

leva për lojra video

spēļu konsole

triçikël

trīsritenis

arush prej pellushi

plīša lācītis

garderobë

drēbju skapis

veshje

apģērbs

çorape

īszeķes

çorape të gjata

zeķes

geta

zeķbikses

shall
šalle

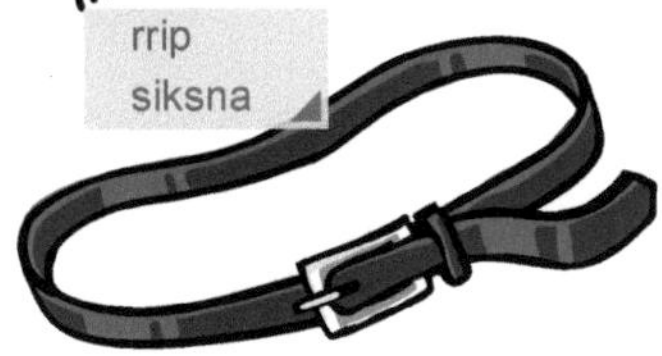

çadër
lietussargs

bluzë pa jakë
T-krekls

rrip
siksna

çizme
zābaks

pantofla
čības

atlete
botas

sandale
sandales

këpucë
kurpes

çizme llastiku
gumijas zābaki

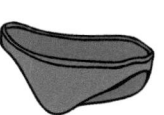
të mbathura
apakšbikses

reçipeta
krūšturis

kanotierë
apakškrekls

trup
bodijs

pantallona
bikses

xhinse
džinsi

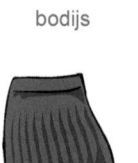

fund
svārki

bluzë
blūze

këmishë
krekls

pulovër
pulovers

triko
džemperis

xhaketë
žakete

xhaketë
jaka

pallto
mētelis

mushama shiu
lietus mētelis

kostum
kostīms

fustan
kleita

fustan nusërie
kāzu kleita

kostum
uzvalks

këmishë nate
naktskrekls

pizhama
pidžama

sari (veshje tradicionale
indiane)
sari

shami koke
lakats

çallmë
turbāns

veshje për femrat e besimit
musliman
burka

kaftan (lloj veshjeje
tradicionale)
kaftāns

ferexhe
abaja

kostum banje
peldkostīms

rroba banje
peldbikses

pantallona të shkurtra
šorti

tuta sporti
treniņtērps

përparëse
priekšauts

dorashka
cimdi

kopsë

poga

syze

brilles

byzylyk

rokassprādze

gjerdan

kaklarota

unazë

gredzens

vath

auskars

kapuç

cepure

varëse për pallto

drēbju pakaramais

kapele

platmale

kravatë

kaklasaite

zinxhir

rāvējslēdzējs

helmetë

ķivere

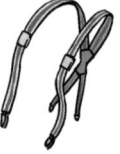

tiranda

bikšturi

uniformë shkolle

skolas forma

uniformë

uniforma

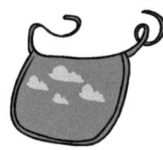

gushore

priekšautiņš

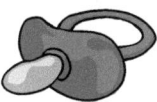

biberon

māneklis

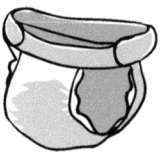

pelenë

autiņbiksītes

zyrë
birojs

server
serveris
skedar
dokumentu skapis
printer
printeris
letër
papīrs
ekran
monitors
maus
pele
tavolinë
rakstāmgalds
dosje
dokumentu vāki
tastierë
klaviatūra
kosh letrash
papīrgrozs
kompjuter
dators
karrige
krēsls

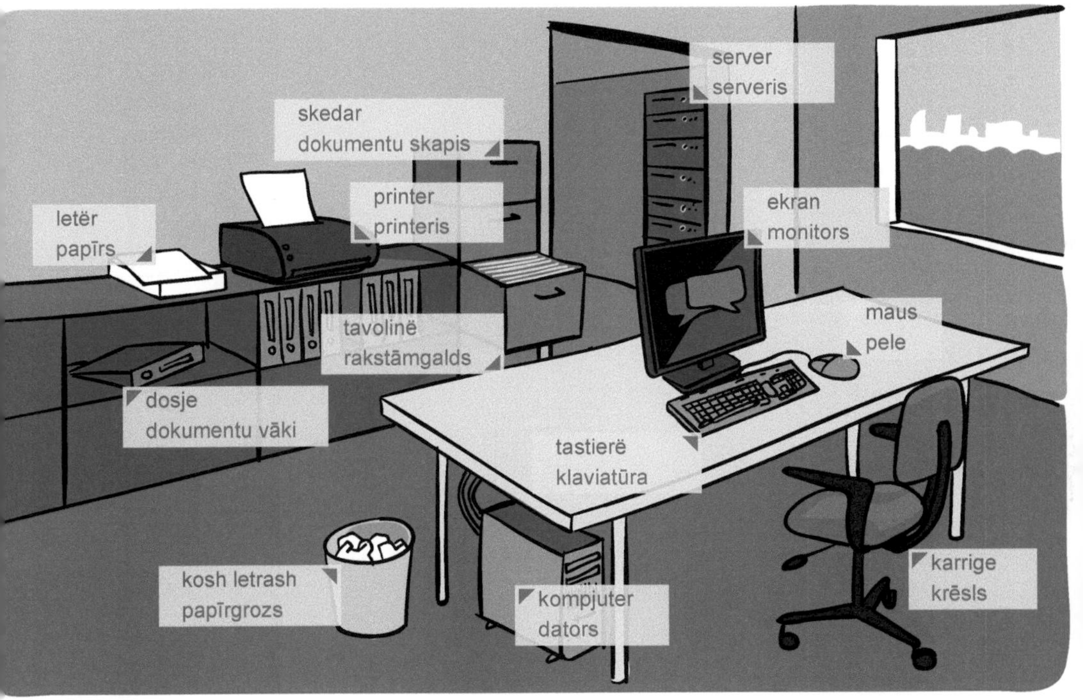

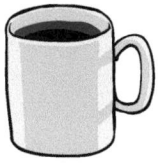

filxhan kafeje

kafijas krūze

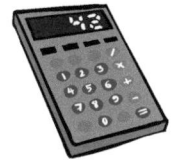

makinë llogaritëse

kalkulators

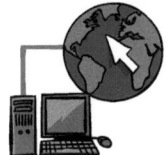

internet

internets

kompjuter portativ

portatīvais dators

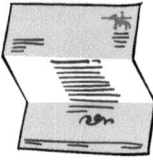

letër

vēstule

mesazh

ziņa

telefon

mobilais tālrunis

rrjet

tīkls

fotokopje

kopētājs

program

programmatūra

telefon

telefons

prizë

rozete

pajisje faksi

faksa aparāts

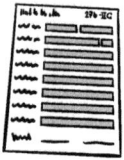

formular

formulārs

dokument

dokuments

blej

pirkt

paguaj

samaksāt

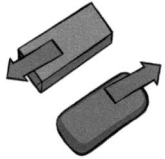

tregtoj

tirgot

para

nauda

dollar

dolārs

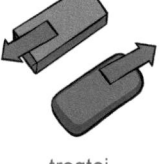

euro

eiro

jen

jēna

rubla

rublis

franga zvicerane

franks

juani kinez

juaņa renminbi

rupje

rūpija

bankomat

bankomāts

pikë këmbimi valutor

valūtas maiņas punkts

ar

zelts

argjend

sudrabs

nafta

nafta

energji

enerģija

çmim

cena

kontratë

līgums

taksë

nodoklis

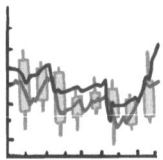

aksione

akcija

punoj

strādāt

punonjës

darbinieks

punëdhënës

darba devējs

fabrikë

fabrika

dyqan

veikals

oficer policie
policists

zjarrfikës
ugunsdzēsējs

kuzhinier
pavārs

mjek
ārsts

pilot
pilots

kopshtar

dārznieks

marangoz

galdnieks

rrobaqepëse

šuvēja

gjykatës

tiesnesis

kimist

ķīmiķis

aktor

aktieris

shofer autobuzi	taksist	peshkatar
autobusa vadītājs	taksometra vadītājs	zvejnieks

pastruese	riparues çatish	kamarier
apkopēja	jumiķis	viesmīlis

gjuetar	piktor	furrxhi
mednieks	gleznotājs	maiznieks

elektriçist	ndërtues	inxhinier
elektriķis	celtnieks	inženieris

kasap	hidraulik	postieri
miesnieks	skārdnieks	pastnieks

ushtar

karavīrs

arkitekt

arhitekts

arkëtar

kasieris

luleshitës

florists

berber

frizieris

kontrollor

konduktors

mekanik

mehāniķis

kapiten

kapteinis

dentist

zobārsts

shkencëtar

zinātnieks

rabin

rabīns

imam

imāms

murg

mūks

klerik

mācītājs

mjete
instrumenti

pinca
knaibles
çekiç
āmurs
kaçavidë
skrūvgriezis
elektrik dore
kabatas lukturīti
çelës mekanik
uzgriežņu atslēga

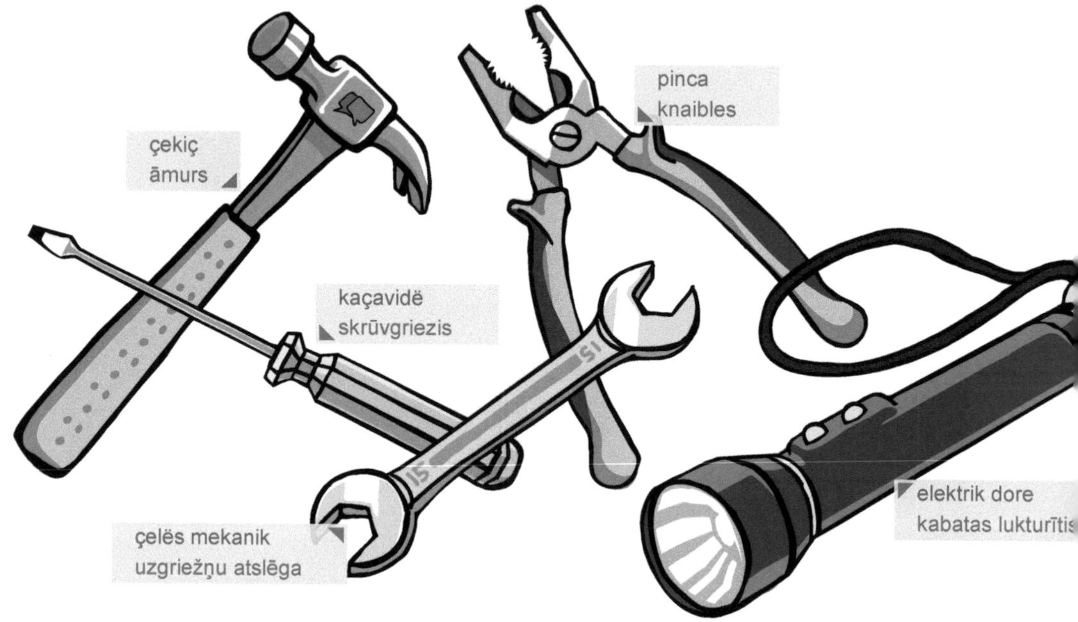

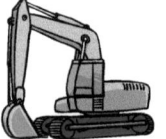

ekskavator

ekskavators

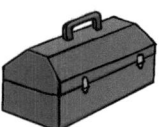

kuti veglash

instrumentu kaste

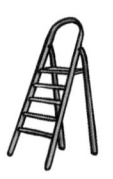

shkallë

kāpnes

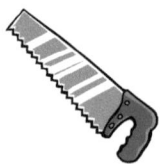

sharrë

zāģis

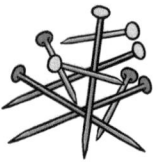

gozhdë

naglas

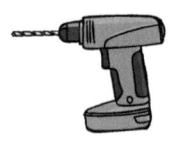

trapan

urbis

riparoj
....
remontēt

lopatë
....
lāpsta

Dreq!
....
Velns!

kaci
....
liekšķere

kuti boje
....
krāsas bundža

vidhë
....
skrūves

instrumenta muzikorë
mūzikas instrumenti

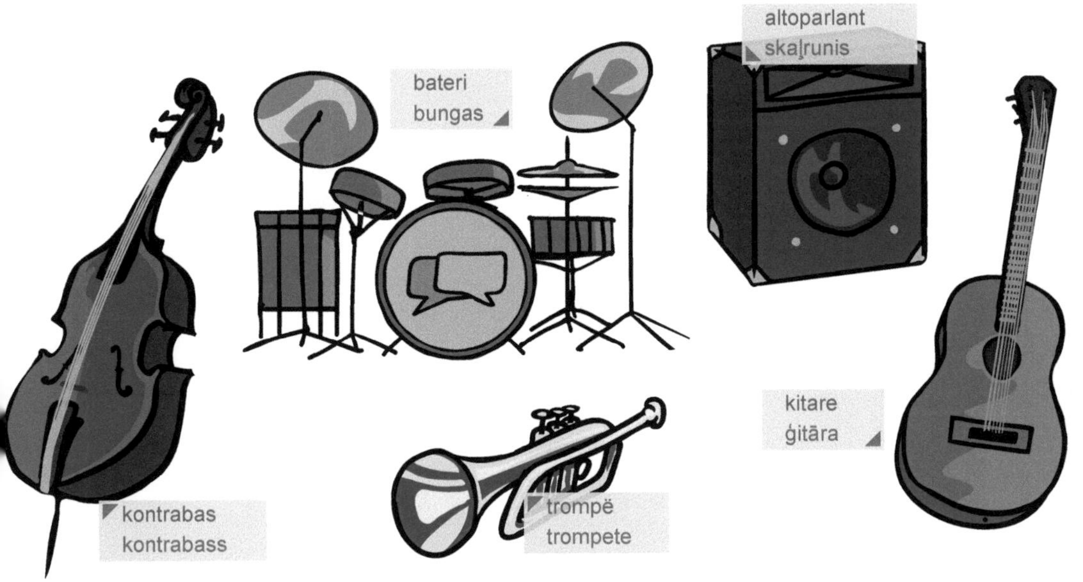

altoparlant
ska|runis

bateri
bungas

kitare
ģitāra

kontrabas
kontrabass

trompë
trompete

piano
klavieres

violinë
vijole

bas
bass

tamburë
timpāni

daulle
bungas

tastierë pianoje
digitālās klavieres

saksofon
saksofons

flaut
flauta

mikrofon
mikrofons

kopsht zoologjik
zooloģiskais dārzs

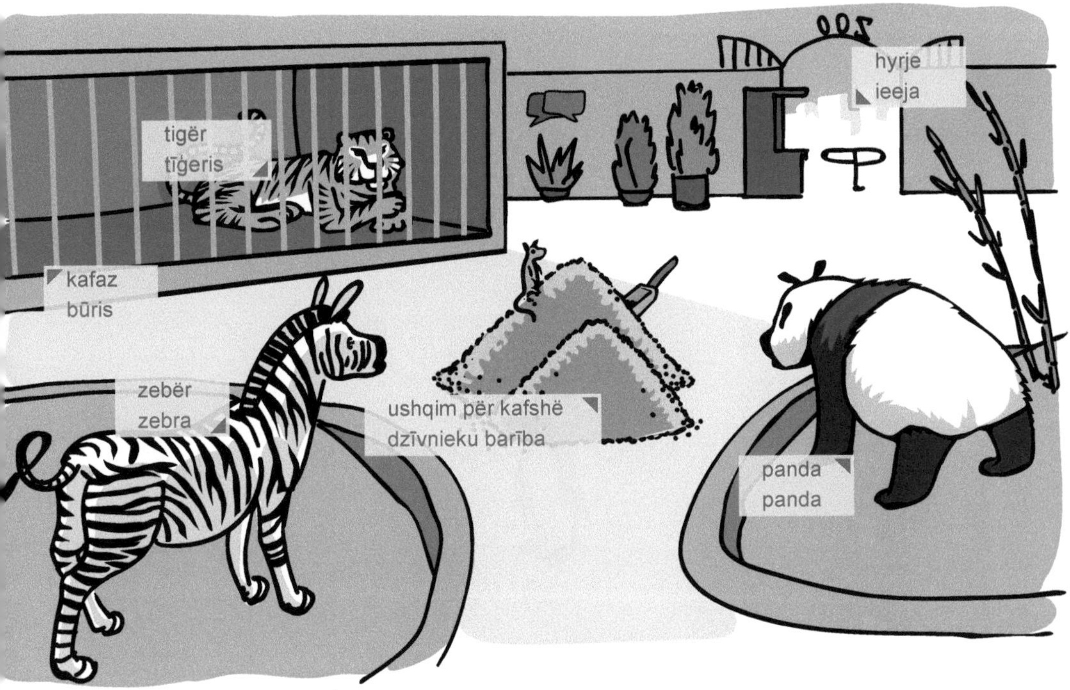
hyrje
ieeja
tigër
tīģeris
kafaz
būris
zebër
zebra
ushqim për kafshë
dzīvnieku barība
panda
panda

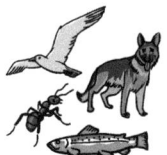

kafshë

dzīvnieki

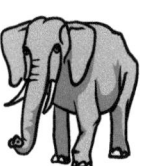

elefant

zilonis

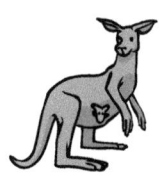

kangur

ķengurs

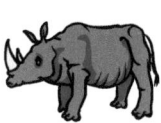

rinoceront

degunradzis

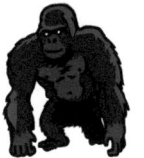

gorillë

gorilla

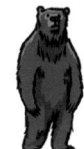

ari

lācis

deve
kamielis

struc
strauss

luan
lauva

majmun
pērtiķis

flamingo
flamings

papagall
papagailis

ari polar
polārlācis

pinguin
pingvīns

peshkaqen
haizivs

pallua
pāvs

gjarpër
čūska

krokodil
krokodils

punonjës i kopshtit zoologjik
zoodārza sargs

fokë
ronis

xhaguar
jaguārs

poni

ponijs

leopard

leopards

hipopotam

nīlzirgs

gjirafë

žirafe

shqiponjë

ērglis

derr i egër

meža cūka

peshk

zivs

breshkë

bruņurupucis

lopë deti

valzirgs

dhelpër

lapsa

gazelë

gazele

futboll amerikan
amerikāņu futbols

çiklizëm
riteņbraukšana

tenis
teniss

basketboll
basketbols

not
peldēšana

boks
bokss

hokej mbi akull
hokejs

futboll

futbols

badminton

badmintons

atletikë

vieglatlētika

hendboll

rokas bumba

ski

slēpošana

polo

polo

qesh
smieties

hidhem
lēkt

përqafoj
apskaut

eci
iet

këndoj
dziedāt

ëndërroj
sapņot

lutem
lūgt

puth
skūpstīt

shkruaj
rakstīt

vizatoj
zīmēt

tregoj
rādīt

shtyj
spiest

jap
dot

marr
ņemt

kam
....
būt

bëj
....
darīt

jam
....
būt

qëndroj
....
stāvēt

vrapoj
....
skriet

tërheq
....
vilkt

hedh
....
mest

bie
....
krist

shtrihem
....
gulēt

pres
....
gaidīt

mbaj
....
nest

ulem
....
sēdēt

vishem
....
uzģērbt

fle
....
gulēt

zgjohem
....
pamosties

shikoj
skatīties

qaj
raudāt

përkëdhel
glāstīt

kreh
ķemmēt

bisedoj
runāt

kuptoj
saprast

kërkoj
jautāt

dëgjoj
dzirdēt

pi
dzert

ha
ēst

sistemoj
sakārtot

dashuroj
mīlēt

gatuaj
vārīt

drejtoj makinën
braukt

fluturoj
lidot

lundroj

burot

llogaris

rēķināt

lexoj

lasīt

mësoj

mācīties

punoj

strādāt

martohem

precēties

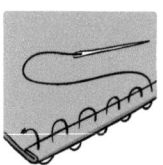

qep

šūt

laj dhëmbët

tīrīt zobus

vras

nogalināt

tymos

smēķēt

dërgoj

sūtīt

gjyshe
vecāmāte

gjysh
vectēvs

baba
tēvs

nënë
māte

bebe
mazulis

vajzë
meita

djalë
dēls

mysafir

viesis

teze, hallë

tante

dajë, xhaxha

onkulis

vëlla

brālis

motër

māsa

trupi

ķermenis

balli
piere
syri
acs
shpatulla
plecs
gishti
pirksts
fytyra
seja
mjekra
zods
dora
roka
kërnba
kāja
krahërori
krūtis
krahu
roka

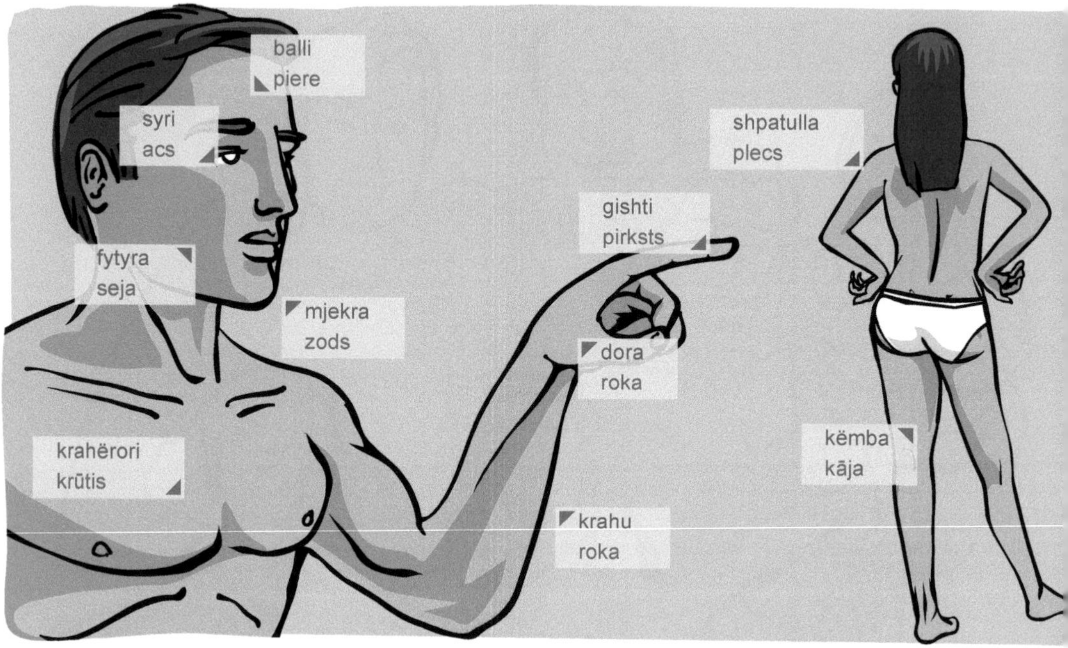

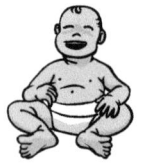

bebe

mazulis

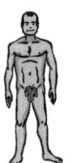

burrë

vīrietis

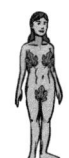

grua

sieviete

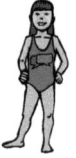

vajzë

meitene

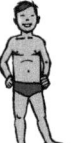

djalë

zēns

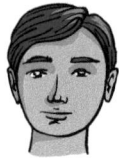

koka

galva

shpina

mugura

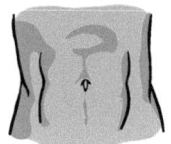

barku

vēders

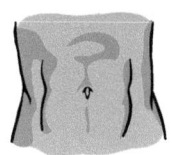

kërthiza

naba

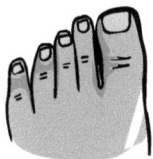

gisht këmbe

kājas pirksts

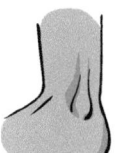

Thembra

papēdis

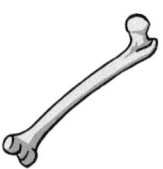

kockë

kauls

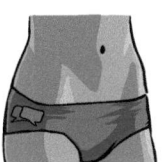

legeni

gurns

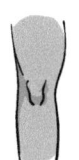

gjuri

celis

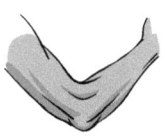

bërryli

elkonis

hunda

deguns

vithe

dibens

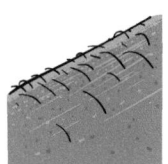

lëkura

āda

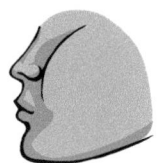

faqja

vaigs

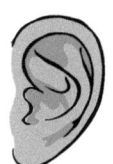

veshi

auss

buza

lūpa

trupi - ķermenis

goja

mute

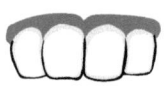

dhëmbët

zobs

gjuha

mële

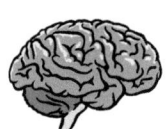

truri

smadzenes

zemra

sirds

muskul

muskulis

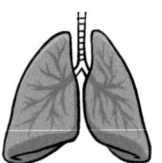

mushkëria

plaušas

mëlçia

aknas

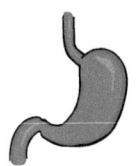

stomaku

kuņģis

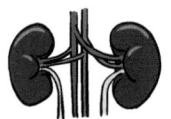

veshka

nieres

seks

dzimumakts

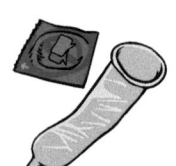

prezervativ

kondoms

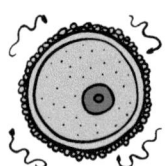

veza

olšūna

sperma

sperma

shtatëzani

grūtniecība

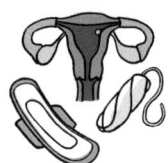

menstruacione
menstruācijas

vagina
vagīna

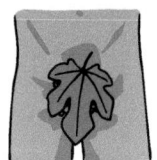

penis
penis

vetulla
uzacs

flokët
mati

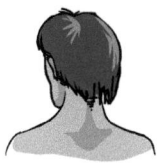

qafa
kakls

spital
slimnīca

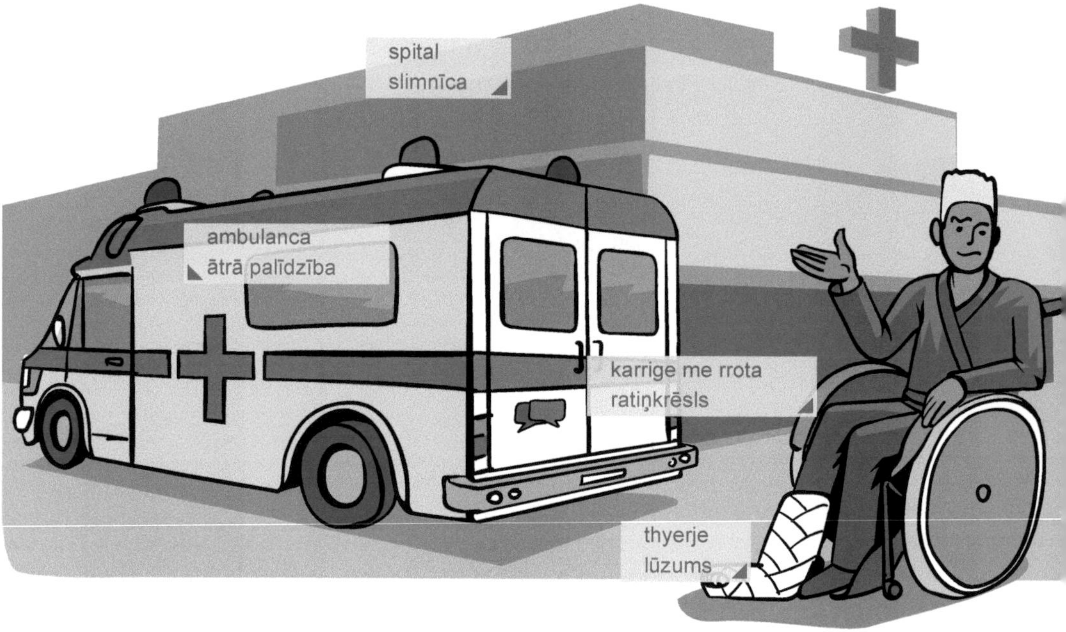

spital
slimnīca
ambulanca
ātrā palīdzība
karrige me rrota
ratiņkrēsls
thyerje
lūzums

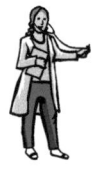

mjek

ārsts

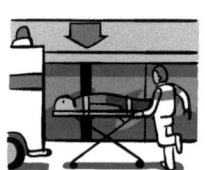

sallë urgjencash

neatliekamās palīdzības nodaļa

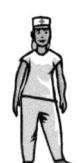

infermiere

medmāsa

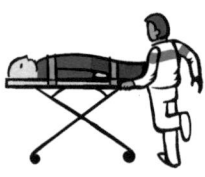

emergjencë

ārkārtas gadījums

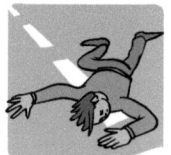

i pandërgjegjshëm

paģībis

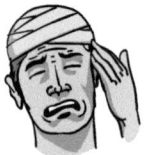

dhimbje

sāpes

dëmtim

ievainojums

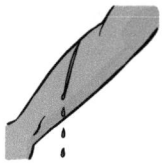

gjakosje

asiņošana

infarkt

sirdslēkme

goditje

insults

alergji

alerģija

kolla

klepus

ethe

temperatūra

grip

gripa

diarre

caureja

dhimbje koke

galvassāpes

kancer

vēzis

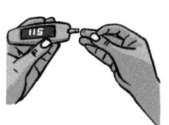

diabet

diabēts

kirurg

ķirurgs

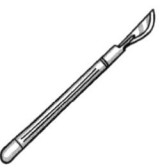

bisturi

skalpelis

operacion

operācija

CT (skaner)

datortomogrāfija

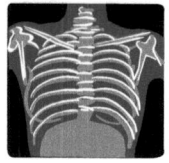

radiografi

rentgents

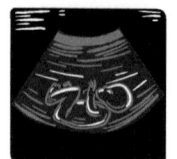

ultratingull

ultraskaņa

maskë fytyre

sejas maska

sëmundje

slimība

dhomë pritjeje

uzgaidāmā telpa

paterica

kruķis

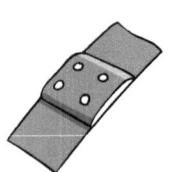

leukoplast

plāksteris

fasho

apsējs

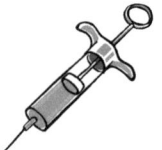

injeksion

injekcija

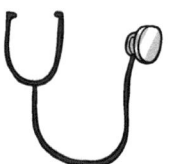

stetoskop

stetoskops

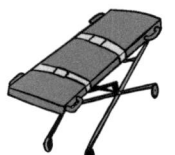

barelë

nestuves

termometër

termometrs

lindje

dzemdības

mbipeshë

liekais svars

aparat dëgjimi

dzirdes aparāts

dezinfektant

dezinfekcijas līdzeklis

infeksion

infekcija

virus

vīruss

HIV / AIDS

HIV / AIDS

mjekësi, mjekim

zāles

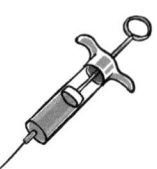

vaksinim

pote

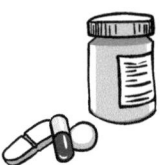

tableta

tabletes

pilulë

pretapaugļošanās tablete

telefonatë emergjence

ārkārtas izsaukums

aparat tensioni

asinsspiediena mērītājs

i sëmurë / i shëndetshëm

slims / vesels

Ndihmë!

Palīgā!

alarm

trauksme

sulm

uzbrukums

atak

uzbrukums

rrezik

bīstamība

dalje emergjence

avārijas izeja

Zjarr!

Uguns!

fikëse zjarri

ugunsdzēšamais aparāts

aksident

negadījums

kuti e ndimës së shpejtë

pirmās palīdzības aptieciņa

SOS

SOS

policia

policija

Europa

Eiropa

Amerika e Veriut

Ziemeļamerika

Amerika e Jugut

Dienvidamerika

Afrika

Āfrika

Azia

Āzija

Australia

Austrālija

Atlantiku

Atlantijas okeāns

Paqësori

Klusais okeāns

Oqeani Indian

Indijas okeāns

Oqeani Antarktik

Dienvidu okeāns

Oqeani Arktik

Ziemeļu ledus okeāns

Poli i veriut

Ziemeļpols

Poli i Jugut

Dienvidpols

Antarktida

Antarktika

toka

zeme

tokë

zeme

det

jūra

ishull

sala

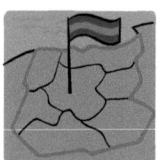

komb

nācija

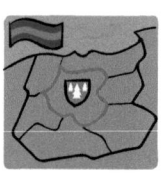

shtet

valsts

fusha e orës

ciparnīca

akrepi i orës

stundu rādītājs

akrepi i minutave

minūšu rādītājs

akrepi i sekondave

sekunžu rādītājs

Sa është ora?

Cik ir pulkstenis?

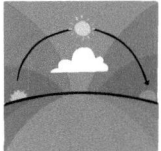

ditë

diena

kohë

laiks

tani

tagad

orë dixhitale

digitālais pulkstenis

minutë

minūte

orë

stunda

javë
nedēļa

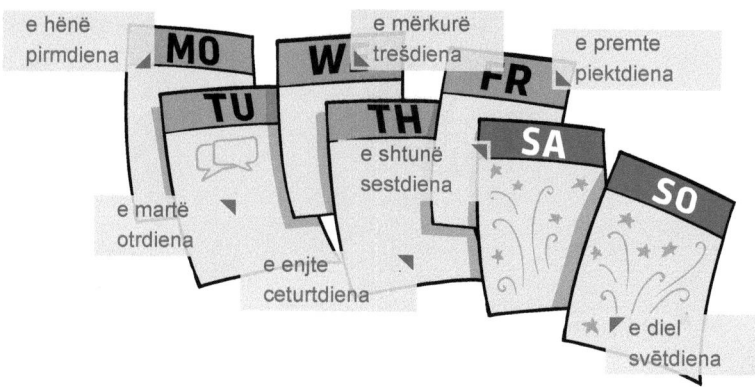

e hënë
pirmdiena

e mërkurë
trešdiena

e premte
piektdiena

e shtunë
sestdiena

e martë
otrdiena

e enjte
ceturtdiena

e diel
svētdiena

dje
....
vakardien

sot
....
šodien

nesër
....
rītdien

mëngjes
....
rīts

mesditë
....
pusdienlaiks

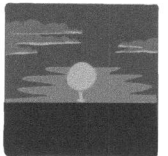

mbrëmje
....
vakars

MO	TU	WE	TH	FR	SA	SU
1	2	3	4	5	6	7
8	9	10	11	12	13	14
15	16	17	18	19	20	21
22	23	24	25	26	27	28
29	30	31	1	2	3	4

ditë pune
....
darbadienas

MO	TU	WE	TH	FR	SA	SU
1	2	3	4	5	6	7
8	9	10	11	12	13	14
15	16	17	18	19	20	21
22	23	24	25	26	27	28
29	30	31	1	2	3	4

fundjavë
....
brīvdienas

vit

gads

shi
lietus
ylber
varavīksne
erë
vējš
borë
sniegs
pranverë
pavasaris
verë
vasara
vjeshtë
rudens
dimër
ziema

4.APRIL 11°
5.APRIL 4°
6.APRIL 13°
7.APRIL 8°
8.APRIL 10°

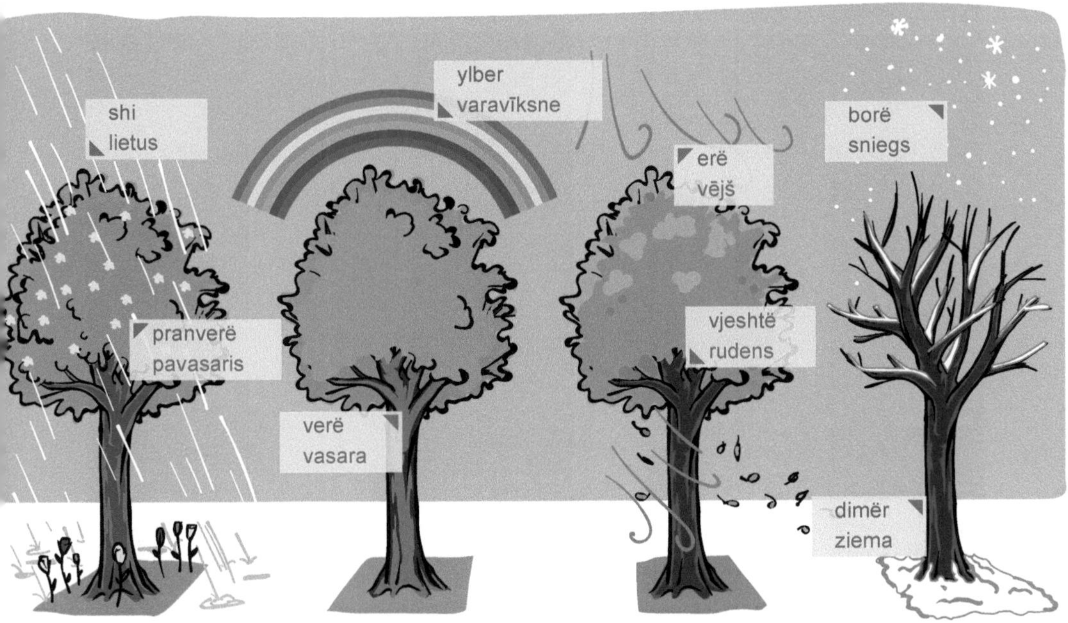

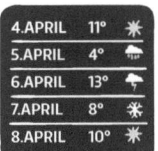

parashikimi i motit

laika prognoze

F C
120 90 60 30 0 -30
40 30 20 10 0 -10 -20

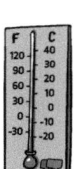

termometër

termometrs

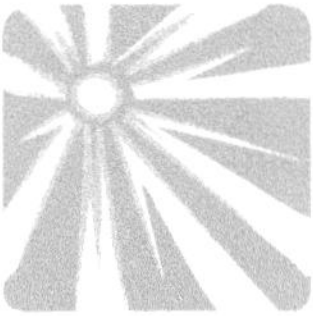

ndriçim dielli

saules gaisma

re

mākonis

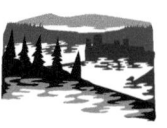

mjegull

migla

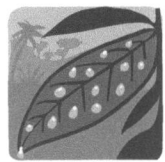

lagështi

gaisa mitrums

vetëtima

zibens

gjëmim

përkons

stuhi

vëtra

breshër

krusa

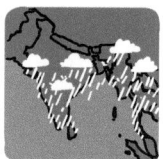

muson

musons

përmbytje

plūdi

akull

ledus

janar

janvāris

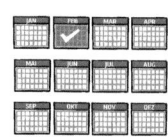

shkurt

februāris

mars

marts

prill

aprīlis

maj

maijs

qershor

jūnijs

korrik

jūlijs

gusht

augusts

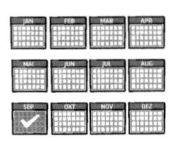

shtator
....
septembris

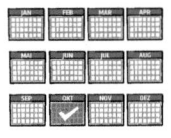

tetor
....
oktobris

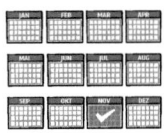

nëntor
....
novembris

dhjetor
....
decembris

forma
formas

rreth
....
aplis

katror
....
kvadrāts

drejtkëndësh
....
četrstūris

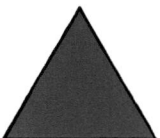

trekëndësh
....
trīsstūris

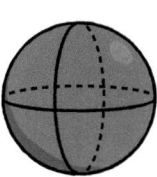

sferë
....
lode

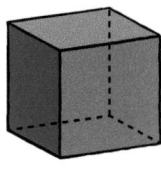

kub
....
kubs

e bardhë

balts

e verdhë

dzeltens

portokalli

oranžs

rozë

sārts

e kuqe

sarkans

vjollcë

lillā

blu

zils

e gjelbër

zaļš

kafe

brūns

gri

pelēks

e zezë

melns

shumë / pak

daudz / maz

i nevrikosur / i qetë

saniknots / miermīlīgs

i bukur / i shëmtuar

skaists / neglīts

fillim / fund

sākums / beigas

i madh / i vogël

liels / mazs

i ndritshëm / i errët

gaišs / tumšs

vëlla / motër

brālis / māsa

e pastër / e pistë

tīrs / netīrs

e plotë / jo e plotë

pilnīgs / nepilnīgs

ditë / natë

diena / nakts

gjallë / vdekur

miris / dzīvs

i gjerë / i ngushtë

plats / šaurs

i ngrënshëm / i pangrënshëm
baudāms / nebaudāms

i keq / i këndshëm
nikns / laipns

i lumtur / i mërzitur
satraukts / garlaikots

i shëndoshë / i dobët
resns / tievs

e para / e fundit
pirmais /pēdējais

mik / armik
draugs / ienaidnieks

plot / bosh
pilns / tukšs

e fortë / e butë
ciets / mīksts

e rëndë / e lehtë
smags / viegls

uri / etje
izsalkums / slāpes

i sëmurë / i shëndetshëm
slims / vesels

e paligjshme / e ligjshme
nelegāls / legāls

i zgjuar / budalla
inteliģents / dumjš

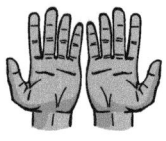

majtas / djathtas
kreisais / labais

afër / larg
tuvu / tālu

e re / e përdorur

jauns / lietots

asgjë / diçka

nekas / kaut kas

i moshuar / i ri

vecs / jauns

ndezur / fikur

ieslēgts / izslēgts

hapur / mbyllur

atvērts / slēgts

i qetë / i zhurmshëm

kluss / skaļš

i pasur / i varfër

bagāts / nabags

e drejtë / e gabuar

pareizi / nepareizi

i ashpër / i butë

raupjš / gluds

i mërzitur / i lumtur

noskumis / laimīgs

i shkurtër / i gjatë

īss / garš

ngadalë / shpejt

lēns / ātrs

i lagësht / i thatë

slapjš / sauss

ngrohtë / freskët

silts / vēss

luftë / paqe

karš / miers

0

zero
....
nulle

1

një
....
viens

2

dy
....
divi

3

tre
....
trīs

4

katër
....
četri

5

pesë
....
pieci

6

gjashtë
....
seši

7

shtatë
....
septiņi

8

tetë
....
astoņi

9

nentë
....
deviņi

10

dhjetë
....
desmit

11

njëmbëdhjetë
....
vienpadsmit

12
dymbëdhjetë
divpadsmit

13
trembëdhjetë
trīspadsmit

14
katërmbëdhjetë
četrpadsmit

15
pesëmbëdhjetë
piecpadsmit

16
gjashtëmbëdhjetë
sešpadsmit

17
shtatëmbëdhjetë
septiŋpadsmit

18
tetëmbëdhjetë
astoŋpadsmit

19
nentëmbëdhjetë
deviŋpadsmit

20
njëzetë
divdesmit

100
qind
simts

1.000
mijë
tūkstotis

1.000.000
milion
miljons

anglisht

anglu

anglishte amerikane

amerikāņu anglu

kinezisht mandarin

ķīniešu mandarīnu valoda

hindi

hindi

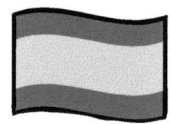

spanjisht

spāņu

frëngjisht

franču

arabisht

arābu

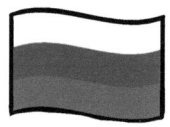

rusisht

krievu

portugalisht

portugāļu

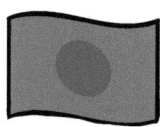

bengalisht

bengāļu

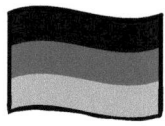

gjermanisht

vācu

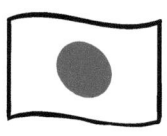

japonisht

japāņu

unë
········
es

ti
········
tu

ai / ajo
········
viņš / viņa

ne
········
mēs

ju
········
jūs

ata
········
viņi / viņas

kush?
········
kas?

çfarë?
········
ko?

si?
········
kā?

ku?
········
kur?

kur?
········
kad?

emër
········
vārds

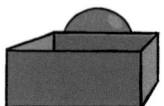

pas
....
aiz

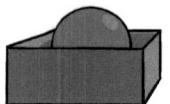

në
....
iekšā

përballë
....
priekšā

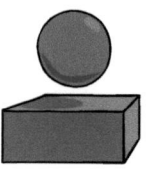

sipër
....
virs

mbi
....
uz

poshtë
....
zem

pranë
....
blakus

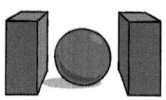

midis
....
starp

vend
....
vieta